BEI GRIN MACHT SICH IHR WISSEN BEZAHLT

- Wir veröffentlichen Ihre Hausarbeit,
  Bachelor- und Masterarbeit

- Ihr eigenes eBook und Buch -
  weltweit in allen wichtigen Shops

- Verdienen Sie an jedem Verkauf

**Jetzt bei www.GRIN.com hochladen
und kostenlos publizieren**

Bibliografische Information der Deutschen Nationalbibliothek:

Die Deutsche Bibliothek verzeichnet diese Publikation in der Deutschen National-
bibliografie; detaillierte bibliografische Daten sind im Internet über http://dnb.d-
nb.de/ abrufbar.

Impressum:

Copyright © 2013 GRIN Verlag, Open Publishing GmbH
Druck und Bindung: Books on Demand GmbH, Norderstedt Germany
ISBN: 978-3-668-06131-6

Dieses Buch bei GRIN:

http://www.grin.com/de/e-book/307844/wie-argumentiere-ich-richtig-eine-einfueh-
rung-in-die-argumentationstypen

Anonym

Wie argumentiere ich richtig? Eine Einführung in die Argumentationstypen, -kompetenzen und -rahmen

Mündlicher Sprachgebrauch in der Schule

GRIN Verlag

GRIN - Your knowledge has value

Der GRIN Verlag publiziert seit 1998 wissenschaftliche Arbeiten von Studenten, Hochschullehrern und anderen Akademikern als eBook und gedrucktes Buch. Die Verlagswebsite www.grin.com ist die ideale Plattform zur Veröffentlichung von Hausarbeiten, Abschlussarbeiten, wissenschaftlichen Aufsätzen, Dissertationen und Fachbüchern.

Besuchen Sie uns im Internet:

http://www.grin.com/

http://www.facebook.com/grincom

http://www.twitter.com/grin_com

Goethe – Universität Frankfurt am Main
Fachbereich 10
Neuere Philologien
Vertiefung Didaktik

Mündlicher Sprachgebrauch

Argumentieren

WiSe 12/13

INHALTSVERZEICHNIS

I

I. Einleitung

Im Seminar mündlicher Sprachgebrauch des sprachdidaktischen Vertiefungsmoduls haben wir uns intensiv mit den verschiedenen Arten der Kommunikation auseinander gesetzt. Unter anderem war die Gesprächsführung sowie das Argumentieren ein Bestandteil des Seminars.

In diesem Rahmen wurde von mir das Referat über das Argumentieren erstellt und vorgetragen, dessen Ausarbeitung diese Hausarbeit beinhaltet.

Gewaltfreie Kommunikation ist in unserer zivilisierten Gesellschaft, in der Wertepluralismus und Meinungsfreiheit herrscht, eine unerlässliche Kompetenz. (Interessens-)Konflikte gewaltfrei und argumentativ lösen zu können, ist nicht nur im öffentlichen Bereich der Gesellschaft, sondern auch im privaten, eine essenziell wichtige Kompetenz. Die Fähigkeit seine Gedanken überzeugend Formulieren zu können, ist der erste Schritt zur selbstbestimmten und selbstbeherrschten Realität des Erwachsenwerdens.

Nicht zuletzt deshalb hat die Deutschdidaktik das Argumentieren bzw. den Kompetenzerwerb des argumentativen Austauschs im Focus[1].

Im Focus dieser Arbeit liegt das mündliche Argumentieren im schulischen Kontext. Einführend in diese Explikation wird eine kurze Begriffsanalyse erfolgen, um anschließend unterschiedliche Argumenttypen zu nennen und zu erläutern.

Der theoretische Teil erörtert den Begriff des Argumentes sowie der Argumentation. Diese Analyse dient als Basis für die Umsetzung der Didaktik im Unterricht. Weiterhin wird ein Bundesweiter Wettbewerb vorgestellt.

Der abschließende Teil dieser Hausarbeit beinhaltet eine kurze Stellungnahme über die Bedeutung des Kompetenzerwerbs der Argumentation im Deutschunterricht.

II. Argumentieren

Die Bedeutung des Argumentationsbegriffs lässt sich sprachgeschichtlich von den lateinischen Worten argumentari (Beweisführung, Begründung) und argumentum (Beweis, Beweismittel) herleiten. Der Begriff Argumentation bezeichnet also einen Vorgang des Begründens und Beweisens. Es bestehen zwei mögliche Formen, nach denen eine solche

---

[1] Winkler (2003), S. 17 f.

1

Begründung bzw. Beweisführung ablaufen kann. Eine Möglichkeit besteht in dem Aufstellen einer These, die es dann zu begründen gilt. In einem solchen Fall kann die Begründung über das Aufzählen einzelner Prämissen, welche zu einer einleuchtenden Konklusion geführt und mit Beispielen belegt werden erfolgen. Die alternative Form des Argumentierens besteht darin als Erstes einige Prämissen aufzuzählen, die dann konkludierend zu einer These übergeführt werden, welche abschließend durch Beispiele zu belegen ist. Eine Argumentation weist also grundsätzlich immer drei Schritte auf: Aufstellen einer These, in der These enthaltene Einzelaussagen aufzählen und konkludierend aufzeigen, warum aus diesen die aufgestellte These folgt, abschließendes Belegen der These durch Beispiele. Das Ziel einer Argumentation ist es, von der Akzeptabilität der aufgestellten These zu überzeugen. Wichtig hervorzuheben ist, dass es in einer Argumentation keine richtigen bzw. falschen Argumente geben kann, sondern ausschließlich akzeptable oder inakzeptable[2].

Das tägliche Leben konfrontiert uns oft vor großen und kleinen Meinungsverschiedenheiten und Interessenskollisionen bzw. –konflikten. Diese zu meistern, unser gegenüber zu überzeugen, wenigstens einen Teil unseres Willens zu bekommen oder uns auch überzeugen zu lassen und unsere Meinung zu ändern ist eine Fähigkeit, die erst mal erlernt werden muss, auf dem Weg zum erwachsen werden.

Die argumentative Auseinandersetzung bzw. Konfliktlösung ist einer der vielen Möglichkeiten zur Durchsetzung der eigenen Interessen und Meinungen. Im Folgenden werden wir die Alternativen kurz beschreiben und die Vor- und Nachteile gegenüber der argumentativen Handlungsweise aufzeigen.

- Gewalt und Kraftakt zur Überzeugung

  In diesem Fall kann man mit einem Kraftakt seinen Willen mit Gewalt durchsetzen. Der Nachteil ist, dass es hierfür einer körperlichen Überlegenheit bedarf. Des Weiteren ist der Widerstand nicht ausgeräumt, sondern lediglich gebrochen. Sollten sich die Kraftverhältnisse verändern, so kann sich das schnell zum Nachteil für den Protagonisten bilden. Es ist also eine kurzfristige Lösung. Diese Alternative ist also

---

[2] Abraham (2008), S. 127

nicht nur aus moralischer Sicht unangebracht, sondern auch aus taktischer Sicht unbrauchbar[3].

- Befehl und Drohung

  Die Willensdurchsetzung basiert auf der Überlegenheit desjenigen, der seinen Willen durchsetzen will. Dieser kann durch entsprechende Druckmittel seiner Überlegenheit nutzen, um negative Konsequenzen herbeizuführen. Auch hier wird der Widerstand des Antagonisten nicht gemindert oder beseitigt, sondern gewaltsam unterdrückt. Diese Art der Überzeugung verliert allerdings seine Wirkung, sobald die Überlegenheit vorüber ist oder die Konsequenzen erfüllt sind[4].

- Verhandeln und Versprechen

  Diese Alternative ist bereits enger mit der argumentativen Variante verknüpft. Hier wird der Willen durch Tausch von Machtmittel oder Vorteilen durchgesetzt. Jedoch hat diese Art der Willensdurchsetzung ebenso wie die oben genannten Varianten den Nachteil, dass man von seinem Standpunkt abweichen und Zugeständnisse machen muss[5].

Wie hier kurz skizziert, zeigen die oben genannten Alternativen erhebliche Schwächen auf. Insbesondere ist die Dauerhaftigkeit fraglich. Das primär verfolgte Ziel kann nicht mit Sicherheit und auf Dauer erreicht werden. Also stellt sich die Frage, wie man gewaltfrei, ohne Manipulation und mit möglichst geringer Selbstaufgabe seine Interessen verfolgen kann.

1. Argumentation im engeren und weiteren Sinne

Es gibt zwei Auffassungen des Argumentationsverständnisses. Der enger gefasste Begriff geht davon aus, dass der Protagonist mit einer fertigen und festen Meinung in ein Gespräch hineingeht. Das Ziel hierbei ist, durch allgemeingültige Werte, Überzeugungen und Tatsachen, einen Konsens, basierend auf der Vernunft, zu erzielen[6]. Das erweiterte Verständnis des Argumentationsbegriffs schließt den engeren Sinn ein und erweitert diese um die Sichtweise der jeweiligen Gesprächspartner. Der Auslöser einer Diskussion muss nicht

---

[3] Hermann, Hoppmann, Stölugen, Taraman (2011), S. 13 f.
[4] Ebd., S. 14 f.
[5] Ebd. S. 15. f.
[6] Vgl. Grundler, Vogt (2009), S. 489

3

immer eine Meinungsverschiedenheit, sondern auch eine offene Frage sein, die zur Diskussion anregen kann. Die Meinungsänderung ist laut des erweiterten Verständnisses nicht nur die Vernunft, sondern die eigene Perspektivenvielfalt, die es den Gesprächspartnern erlaubt, eine andere Meinung zu akzeptieren und zu respektieren geschuldet. Also nicht die Meinung zu ändern, sondern lediglich eine andere Meinung zuzulassen[7].

2. Sonderfall „argumentatives Selbstgespräch"

Wenn man davon ausgeht, dass das Argumentieren eine kommunikative Handlung ist, dann stellt sich weiterhin die Frage, wie viele Personen an einer solchen Kommunikation beteiligt sein müssen. Bzw. ist beim Argumentieren das Vorhandensein von mindestens 2 Personen immer notwendig? In der Regel schon. Hat man jedoch erst einmal gelernt, das Für und Wider einer vermeintlichen Tatsache zu suchen und abzuwägen, dann ist es unumgänglich auch seine eigenen Meinungen und Gedanken abzuwägen[8].

3. Sonderfall „Die Rede"

Auch hierbei handelt es sich nicht um eine Kommunikation zwischen 2 Personen, die direkt im Gespräch miteinander agieren. In einer Rede geht es hauptsächlich um die Überzeugungskraft der Argumente für das Gesagte und deshalb können die Grundlagen der Argumentation auch für die Rede von Nutzen sein. Jedoch kann man im Gegensatz zu einer Diskussion oder einem Gespräch nicht unmittelbar auf sein Gegenüber und dessen Fragen, mit Zweifel und Widerstand reagieren. In einer Rede müssen die Einwände und Fragen antizipiert werden. Das erfordert eine große Empathiefähigkeit für die Zuschauerschaft.

4. Zwischenfazit

Auf dem Weg zu einer guten argumentativen Auseinandersetzung kann man, wie vorliegen dargestellt, oft stolpern. Jedoch gibt es zahlreiche Lösungsvorschläge zur Überwindung dieser, die viele Kompetenzen erfordern.

---

[7] Ebd., S. 488
[8] Hermann, Hoppmann, Stölugen, Taraman (2011), S. 16

4

III. Argumentationskompetenzen

Für eine gute Argumentation ist das beherrschen einiger Grundkompetenzen von wesentlicher Bedeutung. Die wahrscheinlich wichtigste Kompetenz ist Einfühlungsvermögen in ein Gesprächssetting[9]. Dieses erforderliche Einfühlen in die Situation sollte sich an vier Punkten orientieren:

1. Argumentationsrahmen

Für eine gelungene Argumentation ist es wichtig sich zu verdeutlichen; unter welchen Umständen sie stattfindet. Handelt es sich beispielsweise um eine politische Diskussion oder um eine wissenschaftliche Debatte, sind andere Argumentationsstrategien zu wählen als beispielsweise in lockerer Runde bei einem Spielabend unter Freunden.

2. Der zeitliche Rahmen

Es ist für die Auswahl der Argumentationsstrategie von wesentlicher Bedeutung, wie groß das für die Ausführung der Argumentation zur Verfügung stehende Zeitfenster ist.

3. Der Gesprächspartner

Die Auswahl der Argumente sowie die Form ihrer Ausführung sollte an die Gesprächsgegenüber angepasst werden. Gilt es einen Vorgesetzten oder gar den eigenen Chef zu überzeugen, sind ein anderes Vokabular und eine andere Art der Ausführung erforderlich, als wenn Freunde oder Arbeitskollegen überzeugt werden sollen.

4. Der Gesprächsgegenstand bzw. an dem themenspezifischen Diskurs

Die Typen der Argumente, die vorgebracht werden sollen, sind nach dem gegebenen Gesprächsgegenstand auszuwählen. In einem affektiven Themenkontext sind beispielsweise andere Argumente angebracht als in einer Diskussion im wissenschaftlichen Diskurs.

Neben dem Einfühlungsvermögen in die Gesprächssituation ist auch Empathie für die Argumentationsgegner, eine notwendige Voraussetzung für eine gelungene Argumentation. Durch Empathisches einfühlen in das Gesprächsgegenüber, seine emotionale Verfassung,

---

[9] Wagner (2006), S. 754

seine Lebenswelt, seine Interessen und seinen Kenntnisstand zum Diskussionsthema, fällt es leichter geeignete Argumente zu finden, die das Gegenüber erreichen und überzeugen. Des Weiteren ist eine fundierte Sachkompetenz bezüglich des Diskussionsthemas für eine gute Argumentation erforderlich. Denn für das Formulieren überzeugender rationaler Argumente ist eine fundierte fachliche Kompetenz Voraussetzung. Sind diese Punkte gegeben, kann mittels kommunikativer Kompetenz (Eloquenz, Interesse an der Meinung des Gegenübers sowie Kongruenz von sprachlichem Inhalt, Mimik und Gestik) und strategischer Kompetenz (logisch stringente, transparente und nachvollziehbare Argumentationsstruktur und das Anbringen von lebensweltlichen sowie einleuchtenden Beispielen) eine gute Argumentation hervorgebracht werden.

IV. Argumenttypen

Des Weiteren werden Plausibilitätsargumente, rationale- emotionale und moralische Argumente unterschieden.[10] Wesentliche Unterschiede liegen hier in der Art und Weise der Überzeugung.

Plausibilitätsargumente überzeugen durch ihre Evidenz, sie sind unmittelbar einleuchtend und nur durch Gegenbeispiele zu entkräften. Ein Beispiel für ein Plausibilitätsargument ist das Praxisargument, welches sich aus nachvollziehbaren Alltagserfahrungen zusammensetzt und auf einfache Beispiele aus der alltäglichen Lebenswelt stützt. Praxisargumente operieren also mit Erfahrungen, rationale Argumente hingegen mit der Vernunft. Beispiel für ein rationales Argument ist das Kausalkettenargument, es funktioniert über die Darlegung von Ursache und Wirkungsketten, welche wissenschaftlich und empirisch überprüf- und belegbar sind. Rationale Argumente sind nur durch Überprüfung der wissenschaftlichen Quellen oder durch wissenschaftliche Studien, welche eine gegensätzliche Position vertreten, zu entkräften. Moralische Argumente appellieren an das Gewissen des Gegenübers und berufen sich auf ethische Grundsätze, teilweise haben sie einen traditionsbedingten Charakter und meist eine schwächere Überzeugungskraft als Plausibilitäts- oder rationale Argumente, da sie auf einer unsachlichen, stark subjektiven Ebene operieren.

---

[10] Wagner (2006) Mündliche Kommunikation S. 211 ff.

V. Argumentationsstrukturen

Diese Argumentationstypen lassen sich nun in Kategorien erfassen, die dazu dienen, die richtigen Argumente aus der Fülle von Argumenten zu finden. Die Schemata sich universell gültig und können auf jedes Argument übertragen werden[11].

1. Analogieargument

Bei diesem Argument wird ein vergleichbarer Fall in Bezug gesetzt zum strittigen Fall, um somit positive oder auch negative Konsequenzen zu verdeutlichen. Dieses Argumentenschema nutzt sich die menschliche Grundintuition, dass grundsätzlich Gleiches auch gleiches bewirkt und Ungleiches auch ungleich zu verhält.

2. Autoritätsargument

Beim Autoritätsargument fallen dem Protagonisten meist anerkannte Personen oder Institutionen auf. Man kann jedoch bei näherem Hinsehen erkenne, dass es eine ganze Reihe von anerkannten Quellen gibt, auf die man bei solch einem Argument zurückgreifen kann. Experten, Wissenschaft, Statistiken, Mehrheitsmeinungen, Gesetze und Dogmen sind einige davon.

3. Induktionsargument

Hierbei werden vom Antagonisten anerkannte Einzelfälle herangezogen, um auf den Regelfall zu schließen.

4. Kausalargument

Bei diesem Argument wird die Ursache-Wirkung übertragen auf das strittige Thema. Vergangene Ereignisse können auch als Beispiel herangezogen werden. Darunter fällt auch das Teil-Ganz-Argument. Dabei schließt man vom Ganzen auf den Teil oder umgekehrt.

---

[11] Hermann, Hoppmann, Stölugen, Taraman (2011), S. 22 ff.

VI. Bezug zum Lehrplan

Als Ergebnis der länderübergreifenden Arbeitsprozesse legte die Kultusministerkonferenz der Länder in den Jahren 2002 bis 2004 nationale Bildungsstandards für die Primarstufe bis zur Sekundarstuf I fest. Das Ziel war es nicht, die Bildung zu standardisieren, sondern die Vereinheitlichung schulischer Anforderung an die SuS. So werden Kompetenzen definiert, die SuS zum bestimmten Zeitpunkt erworben haben sollten.

Alle Bundesländer haben sich dazu verpflichtet die Bildungsstandards als Grundlage für den Unterricht zu nutzen. Nicht Inhalte, sondern Ziele und Schwerpunkte des Unterrichts werden durch das Kerncurriculum vorgegeben – so zu sagen als Regelstandards – und geben Anhaltspunkte für die Unterrichtsplanung. Im Unterrichtsfach Deutsch in der Sekundarstufe I sehen die Bildungsstandards folgende mündliche Kommunikationskompetenzen vor: „Sprechen und Zuhören", sowie „Sprache und Sprachgebrauch" untersuchen und reflektieren. Diese werden in Unterpunkten näher spezifiziert. So sollen SuS am Ende der 10. Klasse imstande sein, die Standardsprache nutzen und gestalten zu können sowie eigenes und fremdes Gesprächsverhalten zu reflektieren. Hier kann man schon erkennen, dass das mündliche Argumentieren einen großen Raum im Kerncurriculum einnimmt. Kommunikation soll bewusst als Medium des Nachdenkens und des Lernens genutzt werden. Im Bereich des „Sprechens und Zuhörens", sollen die SuS unter Berücksichtigung von Gesprächsstrategien und –regeln, Gespräche ausdifferenzieren und führen, eigene Sandpunkte durch relevante Argumente stützen und vertreten, Konflikte und Meinungsverschiedenheiten lösungsorientiert besprechen und auch erlebte oder erfundene Ereignisse, Gedanken und Gefühle nachvollziehbar in Worten wiedergeben. Auch die geforderte Kompetenz des Zuhörens fördert die Argumentationsfähigkeit in großem Maße, denn die Informationen des Gesprächspartners müssen aufgenommen, verstanden und richtig wiedergegeben werden. Alles in allem sollen SuS „Gesprächssituationen dem Zweck und Thema entsprechen adressatengerecht mitgestalten und reflektieren" können.

Ein weiterer Bereich der Bildungsstandards für die Sekundarstufe I beschäftigt sich mit dem Sprachgebrauch und der Sprache selbst. SuS sollen durch den analytischen Umgang mit

Sprache ein Sprachegefühl und –bewusstsein entwickeln. So sollen SuS sich die Sprache als System der menschlichen Verständigung aneignen.[12]

Wie bereits oben des Öfteren erwähnt, hat die argumentative Fähigkeit nicht nur im privaten und alltäglichen Leben einen großen Stellenwert, sondern auch im Unterricht. Nahezu in allen Unterrichtsfächern, insbesondere in gesellschaftswissenschaftlichen als auch in sprachlichen Fächern, ist es von essenzieller Bedeutung, seine Position nachvollziehbar und fundiert darstellen zu können[13]. Das Fach Deutsch hat hier die Aufgabe, die Argumentationskompetenzen aufzubauen und einzuüben, um den SuS das verinnerlichen dieser Strukturen zu ermöglichen. Es ist jedoch zu beachten, dass die Kompetenz zum Argumentieren nicht aus Teilkompetenzen zusammengesetzt ist, sondern einzelnes Können auf das vorherige aufbaut[14].

Die oben genannten Ziele des Deutschunterrichts müssen nun in der Umsetzung das Einüben der festgelegten Kompetenzen anhand von bestimmten Beispielen und die Interaktion der SuS unter einem Hut bekommen, was ein Abweichen von herkömmlichen Unterrichtsformen erfordert[15]. Der Unterricht müsste handlungsorientiert gestaltet werden und weg von reinem Lehrervortrag und –zentrierung gehen, damit eine Interaktion und Kommunikation im Sinne des Argumentierens stattfinden kann. Solch ein Unterricht bezieht alle Beteiligten (Lehrer und Schüler) mit ein, was auch eine intensive Mitarbeit der Schüler erfordert. In einer solchen subjektorientierten Unterrichtsform hätten SuS die Möglichkeit, ihre Interessen und Meinungen einzubringen. Das mündliche Argumentieren ist hervorragend dafür geeignet, verschiedene Lernbereiche miteinander zu verknüpfen und die SuS zu mündigen und eigenständigen Individuen unserer Gesellschaft zu erziehen.

12
http://qualitaetsentwicklung.lsa.hessen.de/irj/servlet/prt/portal/prtroot/slimp.CMReader/HKM_15/IQ_Internet/m ed/11b/11b2e7a7-f327-821f-012f-31e2389e4818,22222222-2222-2222-2222-222222222222, Seite 19 f.
[13] Becker-Mrotzek/Schneider/Tetling: Argumentatives Schreiben- lehren und lernen, http://www.standardsicherung.schulministerium.nrw.de/cms/upload/netzwerk_NfUE/deutsch/argumentieren_ein fuehrung_kurz.pdf, S. 15f.
[14] Eba.
[15] Spiegel (2006), S. 34 f.

VII. Jugend debattiert

Jugend debattiert ist ein bundesweiter Wettbewerb für Schülerinnen und Schüler (im Folgenden „SuS" genannt) ab der 8. Klasse an allgemein- und berufsbildenden Schulen. Das Programm unter der Schirmherrschaft vom Bundespräsidenten Joachim Gauck zielt auf die sprachliche sowie politische Bildung der SuS. Durch die Auseinandersetzung mit aktuellen Streitfragen und dem Austausch der Perspektiven sollen die Meinungs- sowie die Persönlichkeitsbildung gefördert werden.

Um an dem Wettbewerb teilnehmen zu können, muss die Schule im Schulnetz des Programms aufgenommen werden. Ist dies geschehen, so werden Unterrichtsreihen zur Verfügung gestellt, die auf den Wettbewerb vorbereiten sollen. Auch die Lehrer werden durch Methodentrainings und Workshops für den Unterricht geschult.

1. Teilnahmevoraussetzung

Damit die Schule im Schulnetz aufgenommen werden kann, sind bestimmte Voraussetzungen verlangt. Neben der jährlichen Veranstaltung eines Schulwettbewerbs müssen sich mindestens zwei LehrerInnen zu Projektlehrern ausbilden lassen, ein Lehrer als Koordinator und Ansprechpartner benannt werden sowie die regelmäßige Durchführung einer Unterrichtsreihe „Jugend debattiert" diese Projektlehrer gesichert sein.

2. Debatte/ Wettbewerb

Am Anfang wird eine Entscheidungsfrage in den Raum gestellt, der mit Ja oder Nein beantwortet werden kann. Damit sind die Positionen festgehalten, die es nun zu begründen gilt. Durch Regeln der Gesprächsführung wird der Rahmen für die Diskussion festgelegt.

Debattiert wird jeweils zu viert. Zwei Personen für die Pro-Seite und zwei für die Contra-Seite.

Die Debatte selbst wird in 3 Schritten abgehalten. Zunächst erhält jede Seite zwei Minuten, um seinen Standpunkt zu erläutern (Eröffnungsrunde). Dann werden weitere zwölf Minuten für die Diskussion veranschlagt, in der die Debattierenden ihren Standpunkt in einer freien Aussprache hervorbringen und miteinander abgleichen. Dabei müssen jedoch die Diskussionsregeln beachtet werden (Zuhören, Aussprechen lassen etc.). In der Schlussrunde schließlich gilt es noch einmal den Standpunkt im Lichte der gehörten Argumente zu erläutern. Hierfür ist ein Zeitrahmen von einer Minute vorgegeben. Der Wettbewerb findet in

2 Altersgruppen statt. Klassen 8-10 und 11-13. Debattiert wird auf verschiedenen Ebenen. Die Kriterien der Bewertung werden ebenfalls im Voraus kommuniziert. Bewertet wird nach vier Kriterien: Die Sachkenntnis, Ausdrucksvermögen, Gesprächsfähigkeit und Überzeugungsfähigkeit.

Die Sieger der Schulebene werden eine Runde weiter auf die Regionalebene eingeladen und dürfen ein 3-tägiges Seminar besuchen, um ihre Kenntnisse und Kompetenzen mehr ausbauen zu können. Jeder Wettbewerb erfolgt der gleichen Vorgehensweise. So geht es von der Regionalebene auf die Landesebene. Die hieraus resultierenden Sieger nehmen wiederum an einem 5-tägigen Seminar teil, der sie auf den Bundeswettbewerb vorbereiten soll. Die sechs besten der jeweiligen Altersgruppen dürfen dann eine Akademie-Woche in Kloster Volkenroda besuchen und werden ins Aluminetz aufgenommen und für das Studienstiftung des Deutschen Volkes vorgeschlagen.

3. Training

Die Unterrichtsreihe von Jugend debattiert ist handlungs- und kompetenzorientiert aufgebaut. Durch eine Reihe von systematischen Übungen sollen die SuS aktiviert werden[16].

VIII. Fazit

„Das Grundrecht auf Meinungsfreiheit kann nur qualifiziert wahrgenommen werden, wenn das Artikulieren von Meinungen eingeübt wird"[17]. Dieser Auffassung schließe ich mich voll und ganz an. In einer Gesellschaft, in der Mitwirkung und Partizipation den Nährboden der Demokratie bilden, muss man als Individuum imstande seine eigenen Ansichten in einem Bildungs- und Produktionsprozess zu reflektieren und in einem angemessenen Rahmen und einer angemessenen Sprache wiederzugeben. Im Bereich der Bildung „Argumentation" als Kompetenzerwerb nicht nur zu besprechen, sondern aktiv einzusetzen, wird somit zu einer der wichtigen Grundlagen der fächerübergreifenden Bildung. Auch sehe ich nach wie vor die Aufgabe des Unterrichts nicht als reine Wissensvermittlung, sondern auch als Grundlage für Selbstfindung und Persönlichkeitsbildung. Handlungsorientierter Unterricht erfordert ein Umdenken der Institution Schule und ein Öffnen von Handlungsspielräumen und

---

[16] https://www.jugend-debattiert.de/
[17] Mattes (2002), S. 52

11

Mitgestaltungsrecht. Dadurch wird den Schülern mehr Entscheidungsmacht übertragen, um ihre Lernziele selbst zu definieren und nach ihren Interessen zu gestalten. Denn durch die Öffnung der Institution befinden sich die SuS im Zugzwang sich differenziert mit den Meinungsverschiedenheiten und stritten Themen, die sie beschäftigen, auseinanderzusetzen. Der Deutschunterricht hat hier die Aufgabe SuS näher an die Materie heranzubringen, indem ihnen das Handwerk für eine gewaltfreie und überzeugende Kommunikation zu vermitteln. Hierbei wird dem LehrerInnen eine zentrale Rolle zugeschrieben. Dieser muss sich detailliert und kompetent über die verschiedenen Dimensionen der Argumentationsstruktur sowie der Methoden der Unterrichtsgestaltung auseinandergesetzt haben. Es gibt eine Fülle von Aufgaben und Übungen, indem die Argumentationskompetenz erworben und entwickelt werden kann. In der vorliegenden Arbeit habe ich ein Programm (Jugend Debattiert) vorgestellt, das nicht nur Unterrichtseinheiten, sondern auch Wettbewerbe innehält. In der Auseinandersetzung mit diesem Programm musste ich feststellen, dass der Lehrer mit der Einführung der selbigen auf Probleme stoßen kann. Die Unterrichtseinheit wird zwar mit allen SuS durchgeführt, jedoch im Wege der Wettbewerbsvorbereitung nur wenige SuS aktiviert. Das stellt den Lehrer vor der Wahl, wenige gute Schüler oder die ganze Klasse zu coachen. Denn eine Debatte kann nicht von meist zu 30 in der Klasse sitzenden SuS geführt werden. Auch wenn die Vorbereitung in Gruppen durchgeführt werden kann, so sind es doch wenige Personen, die aktiv an der Debatte teilnehmen können. Um dies zu umgehen, könnte man Gruppendiskussionen einbringen, die schülerzentriert ist. So können SuS einzelne Aufgaben der Diskussionsführung übernehmen. Z.B. die Moderation, Argumentationsgruppen, Zeitwächter etc. Auch ist die Themenfindung eine Hürde, die der/die LehrerInnen aus der Hand geben kann. SuS können Themen vorschlagen, diese argumentativ verteidigen und in einer Diskussion sich gemeinsam als Mehrheitsentscheid auf ein Thema einigen. Der Lehrer/die Lehrerin ist in diesem Modell der Schule gleichberechtigter Handelnder.

Zusammenfassend lässt sich sagen, dass der Kompetenzerwerb des mündlichen Argumentierens einen hohen Stellenwert und Relevanz für den Deutschunterricht darstellt.

Durch die Auseinandersetzung mit diesem Thema konnte ich jedoch auch erkennen, welche Herausforderungen die Übermittlung dieses Wissen mir als Lehrerin bevorstehen.

Ich sehe dennoch diesen Kompetenzbereich als einen notwenigen und wichtigen Bestandteil der Bildung an. Nicht nur im Deutschunterricht. Als angehende Lehrerin sehe ich mich in der

Verantwortung, SuS als mündige und selbstdenkende Menschen mit dem Können auszustatten, sich und seiner Umwelt mit Respekt aber auch mit einem gesunden Widerstand zu begegnen.

Litetraturverzeichnis

Abraham, Ulf

Sprechen als reflexive Praxis, Mündlicher Sprachgebrauch in einem kompetenzorientierten Deutschunterricht, Fillibach 2008

Grundler, Elke / Vogt, Rüdiger

Diskutieren und Debattieren: Argumentieren in der Schule. In: Becker-Mrotzek (Hrsg.): Mündliche Kommunikation und Gesprächsdidaktik. Baltmannsweiler 2009. S. 487-512

Hermann, Markus/ Dr. Hoppmann, Michael/ Stölzgen, Karsten/Taraman, Jasmin

Schlüsselkompetenz Argumentation, Paderborn 2011

Katthoff, Helga

Gesprächsfähigkeiten: Erzählen, Argumentieren, Erklären.

In: Krelle, Michael; Spiegel, Carmen: Sprechen und Kommunizieren. Entwicklungsperspektiven, Diagnosemöglichkeiten und Lernszenarien in Deutschunterricht und Deutschdidaktik,. Baltmannsweiler 2009. S.41 - 64

Mattes, Wolfgang

Methoden für den Unterricht: 75 kompakte Übersichten für Lehrende und Lernende, 9. Auflage, Braunschweig 2006.

Spiegel, Carmen

Unterricht als Interaktion, Gesprächsanalytische Studien zum kommunikativen Spannungsfeld zwischen Lehrern, Schülern und Institution Radolfzell, 2006

Wagner, Roland W.

Methoden des Unterrichts in mündlicher Kommunikation. In: Bredel, Ursula et al.: Didaktik der deutschen Sprache. Ein Handbuch. 2. Teilband.

Paderborn 2006. S. 747- 760

Wagner, Roland W.

Mündliche Kommunikation in der Schule. Paderborn 2006. S. 211 ff.

Willenberg, H./Gailberger, S./Krelle, M.,

Kompetenzhandbuch für den

	Deutschunterricht: Auf der empirischen Basis des DESI-Projekts, Schneider Verlag GmbH, 2007
Winkler, Iris	Argumentierendes Schreiben im Deutschunterricht, Frankfurt a.M. 2003

Internetquelle

https://www.jugend-debattiert.de/, zuletzt aufgerufen am 10.02.2013, 13:00 Uhr

http://qualitaetsentwicklung.lsa.hessen.de/irj/servlet/prt/portal/prtroot/slimp.cmReader/HKM _15/IQ_Internet/med/b7a/b7a1d584-b546-821f-012f-31e2389e4818,22222222-2222-2222-2222-222222222222,zuletzt aufgerufen am 11.02.2013, 12:05 Uhr

http://www.standardsicherung.schulministerium.nrw.de/cms/upload/netzwerk_NfUE/deutsch/ argumentieren_einfuehrung_kurz.pdf, zuletzt aufgerufen am 11.02.2013, 14:06 Uhr

BEI GRIN MACHT SICH IHR WISSEN BEZAHLT

- Wir veröffentlichen Ihre Hausarbeit, Bachelor- und Masterarbeit

- Ihr eigenes eBook und Buch - weltweit in allen wichtigen Shops

- Verdienen Sie an jedem Verkauf

Jetzt bei www.GRIN.com hochladen und kostenlos publizieren